CATALOGUE

D'OBJETS DE VITRINE

COMPRENANT

DES ÉMAUX DES XVe, XVIe ET XVIIe SIÈCLES — MINIATURES
BIJOUX ANCIENS — BONBONNIÈRES LOUIS XVI
LOUIS XV, LOUIS XIV, DE TOUTE NATURE — DENTELLES
ET GUIPURES — PORCELAINES DE SÈVRES
ET DE SAXE — BRILLANTS

BELLES TAPISSERIES

PENDULES LOUIS XVI ET LOUIS XIV

Dont la vente aura lieu

HOTEL DROUOT, SALLE N° 5

Le Samedi 13 Mars 1880

Me E. BERTHELIN	M. GANDOUIN
COMMISSAIRE-PRISEUR	
S^r DE Me CHARLES OUDART	EXPERT DES DOMAINES NATIONAUX
29, rue Le Peletier	42, rue Le Peletier

EXPOSITION PUBLIQUE

LE VENDREDI 12 MARS 1880, DE 1 HEURE 1/2 A 5 HEURES 1/2

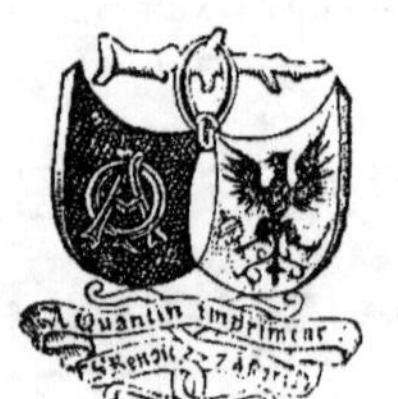

A. Quantin imprimeur

CONDITIONS DE LA VENTE

Elle sera faite au comptant.

Les adjudicataires payeront *cinq centimes par franc* en s's
des enchères, applicables aux frais.

L'Exposition mettant les adjudicataires à même de
se rendre compte de l'état et de la nature des objets, il
ne sera admis aucune réclamation, une fois l'adjudication
prononcée.

DÉSIGNATION

1. — Émail de Nouaillier, représentant la Cène.

2. — Émail de Limoges, représentant Diane, camaïeu bleu.

3. — Émail de Jean Limousin, représentant Dieu remettant les tables de la loi à Moïse.

4. — Émail rond translucide, représentant le Calvaire, travail de l'époque gothique.

5. — Baiser de paix, émail translucide de l'époque du xv⁰ siècle.

6. — Émail de Jean Laudin, représentant saint François de Sales.

7. — Émail translucide, représentant le Christ sauveur du monde.

8. — Émail, tête de saint Pierre, attribué à Petitot, cadre de l'époque.

9. — Quatre Émaux de Limoges du xvii⁰ siècle, représentant l'histoire de Tobie.

10. — Chaîne en bronze émaillé, travail du xviii⁰ siècle.

11. — Couverture de carnet en argent doré et ciselé, orné d'un fixé sous verre.

12. — Médaillon avec cadre en argent, orné de verres églomisés, travail de l'époque du xvi⁰ siècle.

13. — Tabatière en agate orientale avec monture bronze
doré.

14. — Miniature de l'École française.

15. — La Vierge et l'Enfant, émail cloisonné gothique.

16. — Faune et Nymphes, bas-relief bronze doré de l'époque
Louis XVI.

17. — Armoiries de la ville de Paris, bas-relief en bronze.

18. — Plaquette pour pendule en cuivre doré, Louis XVI, à
jour.

19. — Deux Motifs ronds cuivre doré pour pendule Louis XVI,
travail de l'époque.

20. — Quatre Consoles d'angles pour coffret, de l'époque
Louis XIII, en bronze doré.

21. — Vase Louis XIII pour pendule bronze doré.

22. — Bonbonnière porcelaine de Chine à personnages.

23. — Deux Têtes masque d'homme en bronze ciselé et doré.

24. — Assiette en ancienne porcelaine du Japon, décor polychrome et doré.

25. — Deux Tasses vieux saxe d'un très beau décor.

26. — Sucrier en ancienne porcelaine de Saxe.

27. — Triptyque en ivoire sculpté, travail du xv⁰ siècle,
représentant

28. — Salière en ancienne faïence d'Urbino, de forme rectangulaire, richement ornée, réparée.

29. — Autre de même époque et fabriquée de forme ovale ; richement décorée.

30. — Plateau en glace, bordé de bronze ciselé.

31. — Deux Flacons anciens vénitiens en verre émaillé de Venise.

32. — Plaque en verre églomisé, travail ancien du XIV° siècle.

33. — Quatre Cadres sculptés, renfermant des broderies de soie sur cire, et représentant différents Saints.

34. — Pichet en ancienne faïence anglaise, représentant un Buveur debout ; XVIII° siècle.

35. — Autre de la même époque, représentant une Femme assise.

36. — Autre, représentant une Bergère.

37. — Flambeau Louis XIII en serpentine.

38. — Deux cadres ovales Louis XVI pour miniatures ; un cadre carré en cuivre du premier Empire.

39. — Lot composé de trois fragments cuivre, deux tasses, trois couvercles, etc.

40. — Lot de Rubans brochés.

41. — Trois cadrans émail. Paysages pour montres.

42. — Personnage en grès de Chine ancien, avec monture ciselée et dorée Louis XVI. de la même époque.

43. — Cruche en grès ancien. du XVI° siècle, à mascarons et rinceaux.

44. — Vase antique à deux anses, en terre de Nola, décoré
   de peintures.

45. — Pot à lait, en porcelaine à la Reine, décor fleurs.

46. — Deux Socles ancienne porcelaine de Capo di Monte,
   richement décorés.

47. — Dix-huit Fleurs en ancienne porcelaine de Saxe.

48. — Encrier et Boîte à poudre en ancienne porcelaine de
   Saxe, décor camaïeu rose.

49. — Saint Marc, émail par Jean Limousin.

50. — Bronzino. Portrait de jeune Femme.

51. — Boîte en forme de livre, en écaille de Java.

52. — Tasse en porcelaine ancienne de Saxe.

53. — Daudin de Sèvres, fleurs et fruits, gouache.

54. — École française : Madame de Sévigné, miniature.

55. — Deux Verres anciens de Venise, à fleurs polychromes.

56. — Boîte en ivoire sculpté, dont le sujet représente un
   Repas, travail de l'époque Louis XIV.

57. — Deux petits Vases en porcelaine ancienne, de Capo di
   Monte.

58. — Flacon en porcelaine ancienne de Saxe.

59. — A. M. B. Bacchante, Statuette terre cuite de l'époque
   Louis XVI.

60. — Coupe en verre de Venise, gravée, montée sur un pié-
douche en argent ciselé.

61. — Statuette d'Enfant, terre cuite vernissée ancienne,
Louis XVI. Signée en creux d'une fleur de lis et
d'un R.

62. — Verre ancien de Bohème.

63. — Coupe en ancienne faïence, à reflets métalliques, de
Gubbio.

64. — Plaque en fer gravé, de l'époque de Charles IX.

65. — Écuelle en ancienne porcelaine de Sèvres, pâte tendre,
décor bouquet de fleurs.

66. — Plateau de mêmes décor, époque et pâte.

67. — Sucrier de mêmes décor et pâte tendre, vieux sèvres.

68. — Coffret de l'époque de la Renaissance, en bois de ra-
cine, avec incrustations d'argent gravé.

69. — Service de table en acier, de l'époque Louis XVI, composé de Couteau, Fourchette et Truelle à poissons.

70. — Deux Salières bouts de table en argent ciselé, de l'é-
poque de Napoléon Ier (230 grammes).

71. — Médaillon de cou et deux Boucles d'oreilles en or, travail en filigrane d'or du dernier siècle (30 grammes).

72. — Pomme de canne en porcelaine de Saxe.

73. — Bec de canne recourbé, avec tête de femme, décor
polychrome, en porcelaine de Saxe.

74. — Deux jardinières en vernis Martin ancien de l'époque
Louis XVI. Décorés de sujets pastorales.

75. — Écran ancien en tapisserie au petit point, monté
sur un pied doré et à tige.

76. — Bonbonnière ancienne, émail de Saxe, rectangulaire,
décor fleurs.

77. — Autre, de l'époque de la Renaissance, en écaille,
gravée et incrustée de nacre, garnie argent ciselé.

78. — Autre bonbonnière écaille Louis XVI, piquée d'argent
et d'or, garnie en argent.

79. — Bonbonnière émail de Saxe à reliefs et sujets pastorales.

80. — Autre de l'époque Louis XV. Émaillée argent fond
vert, décor d'oiseaux, monture en argent.

81. — Bonbonnière porcelaine ancienne de Capo di Monte,
à sujets de chasse et à l'intérieur portrait de
femme sous les traits de Diane.

82. — Autre en écaille avec miniature portrait d'enfant,
époque Louis XVI.

83. — Autre, en cuivre repoussé, ciselé et doré, Louis XVI à
sujets mythologiques.

84. — Autre, Louis XV, en écaille, piquée d'argent et à sujet
Watteau, gravée.

85. — Autre, rectangulaire, émail ancien de Saxe à fond
blanc, sujets pastorales.

86. — Autre, ronde émail blanc avec sujet, d'après Gillot.

87. — Bonbonnière en porcelaine pâte tendre de Sèvres.

88. — Bonbonnière carrée, vieux Capo di Monte, avec sujets de l'histoire de Psyché.

89. — Bonbonnière ovale, combat de cavaliers et fond or porcelaine de Capo di Monte.

90. — Bonbonnière armoriée en travail de paille de l'époque Louis XVI.

91. — Autre de même époque en bois pressé, avec sujet Repos de l'Amour.

92. — Autre à monture en bronze doré et plaques en lapis, travail Louis XVI.

93. — Boîte Louis XV garnie de broderies au passé, fleurs et feuillages.

94. — Six émaux pour montres Louis XVI, 4 cadrans et 2 boîtiers.

95. — 5 autres avec sujets paysage.

96. — Bracelet argent doré et émaillé, serpent enroulé sur lui-même.

97. — Châtelaine Louis XVI, bronze doré à deux tons, ciselée et à breloques en pierres dures

98. — Une autre, bronze émaillé à cabochons contenant des perles, grenats et turquoises.

99. — Dessin de l'époque Louis XVI représentant deux Amours entourant un chiffre.

100. — Clef en fer forgé de l'époque gothique.

101. — Clef en fer forgé et ciselé de l'époque Louis XIV.

102. — Clef en fer forgé et ciselé de style Renaissance, ouvrée
à jour.

103. — Belle clef en fer ciselé de l'époque Louis XIV d'une
riche et délicate ornementation.

104. — Très belle clef en fer ciselé de l'époque de la Renaissance dont l'anneau repercé à jour représente un
masque humain et deux Chimères.

105. — Superbe pendule Louis XVI ancienne en bronze
ciselé et doré, à cadran tournant accompagné de
deux statuettes d'enfants.

106. — Pendule ancienne en marqueterie de Boule, ornée de
ses bronzes du temps et en bon état.

107. — Boîtier de montre de l'époque Louis XIV en vernis
Martin, dont le sujet représente l'Hyménée.

108. — Autre Boîtier avec sujet marine.

109. — Pomme de canne en ancienne porcelaine française
avec légende, décor polychrome.

110. — Autre Pomme de canne, décor fleurs, de mêmes
époque et porcelaine.

111. — Tasse ancienne porcelaine de Sèvres, décorée par
Prévost.

112. — Bas-relief, bronze de la Renaissance, représentant
la Nativité, signé Parm : *invenit.*

113. — Autre Bas-relief, bronze de la Renaissance, avec
sujet priapique fort curieux.

114. — Émail translucide de l'époque Gothique, représentant la Vierge et l'Enfant.

115. — Montre de l'époque de la première République, avec
bas-relief en argent.

116. — Miniature, Portrait de femme de la même époque.

117. — Autre Portrait de femme de la même époque.

118. — Autre Portrait de femme de la même époque.

119. — Châtelaine de style Louis XVI émaillée, décor d'at-
tributs.

120. — Parure composée de croix Jeannette et deux boucles
d'oreilles, émaux Bressans, Louis XVI.

121. — Broche Louis XVI, émaillée argent doré, avec reliefs
et pierres.

122. — Petit Plateau; émail lisse de Chine, fond vert, sujet
au centre.

123. — Saint-Marc, émail de l'époque Byzantine, à champ
levé.

124. — Broche monture Louis XV, en or, ciselée et très bel
émail français représentant l'enlèvement d'Éole.

125. — Gobelet en vieux saxe royal, décor dentelles et guir-
landes de roses.

126. — Deux Cadres contenant portrait d'homme et de femme avec costumes en étoffe de l'époque Louis XV.

127. — Bel émail de Genève à sujets pastorale sur fond bleu.

128. — Émail Dessus de boîte, représentant Léda, travail français, époque Louis XIV.

129. — Autre Émail dessus de boîte à émaux, en relief, décor paysage.

130. — Nécessaire de poche, émail de Saxe, fond jaune.

131. — Boîte-Drageoir ancienne, en or émaillé.

132. — Autre, en ivoire et garniture en or, de l'époque Louis XVI.

133. — Autre, de la même époque, avec un très bel émail.

134. — Paire de pendeloques garnies de roses.

135. — Boîte ancienne Louis XV en cuivre ciselé et doré.

136. — Broche ancienne Louis XVI, garnie de roses.

137. — Boîte argent Louis XVI, avec miniature en grisaille.

138. — Deux boucles en argent Louis XVI.

139. — Agrafe de manteau en argent. époque Louis XVI.

140. — Plaque ancienne, garnie de pierres dites Strass.

141. — Pendant de cou Louis XV, en or.

142. — Deux plaques de ceinture, garnies en chrysolithe.

143. — Belle chaîne en or, de l'époque Louis XVI.

144. — Montre en or ancienne, garnie de jargons.

145. — Paire de boutons d'oreilles, ornés de beaux brillants.

146. — Rivière en brillants.

147. — Bague en or, ornée de brillants.

148. — Autre, ornée de cinq émeraudes.

149. — Broche en or avec médaillon en émail, entourage de
          brillants.

150. — 24 jetons et 4 médailles en argent.

151. — 26 boutons en argent, de l'époque Louis XVI.

152. — Montre en or, forme de pensée, émaillée et ornée
          de roses.

153. — 6 cuillères en argent, travail ancien.

154. — Boîte en ivoire vert.

155. — Bague ancienne, ornée de chrysolithes.

DENTELLES ET GUIPURES

156. — Magnifique Devant d'autel en ancienne guipure de
          Venise, composé de morceaux des époques
          Louis XIII et Renaissance.

157. — Coupe de trois mètres en ancien Point de Venise,
          Dentelle de soie écrue d'un très beau travail.

158. — Dessus de Lit en point ancien de Pérouse, avec sa
          frange de trois côtés.

159. — Volant en vieille Guipure de Venise, époque Louis XIII,
          d'une riche ornementation, mesurant 3 mètres
          75 centimètres.

160. — Coupe de deux mètres vieille Guipure de Milan, Décor façon neige.

161. — Collet et Manches de l'époque de Louis XIII en Guipure de Gênes.

162. — Superbe Devant d'autel en ancienne Guipure de Venise, travail à reliefs de l'époque Gothique.

163. — Col et Manches en Guipure de Venise, d'un travail très riche de l'époque de la Renaissance.

164. — Volant Gothique en Guipure de Venise.

165. — Très beau Col en Guipure de Venise à reliefs, de l'époque de Henri IV.

166. — Très beau Col de la même époque et d'une très riche ornementation.

167. — Volant de quatre mètres Guipure de Venise de la fin du xv⁰ siècle.

168. — Tour de cou en application ancienne de Venise.

TAPISSERIES

169. — Superbe Tapisserie de la Renaissance, représentant une procession, avec une magnifique bordure à personnages.

170. — Suite de cinq Tapisseries en ancienne Tapisserie de Felletin, verdures avec châteaux et oiseaux.

171. — Trois Tapisseries anciennes de l'époque Louis XIV, verdure.

PARIS. — Impr. J. CLAYE. — A. QUANTIN et Cⁱᵉ, rue Saint-Benoît. — [402]